How to Draw Cute Animals

Learn How to Draw Cute Animals with Step by Step Drawings

ISBN-13: 978-1978157156
ISBN-10: 1978157150

Now, it's your turn

Now, it's your turn

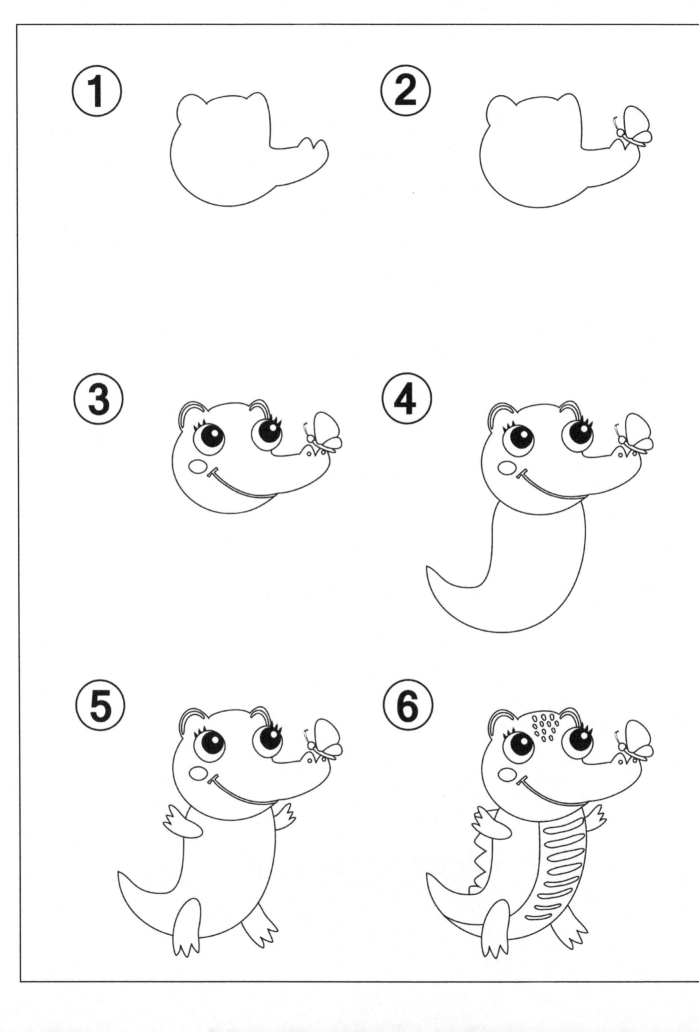

Now, it's your turn

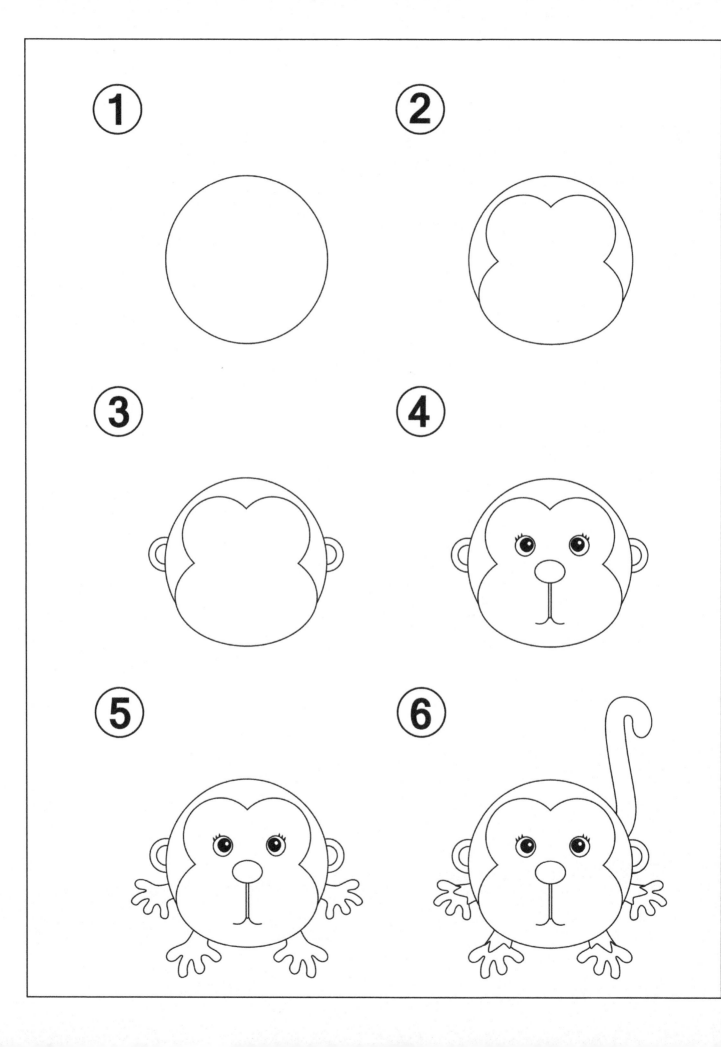

Now, it's your turn

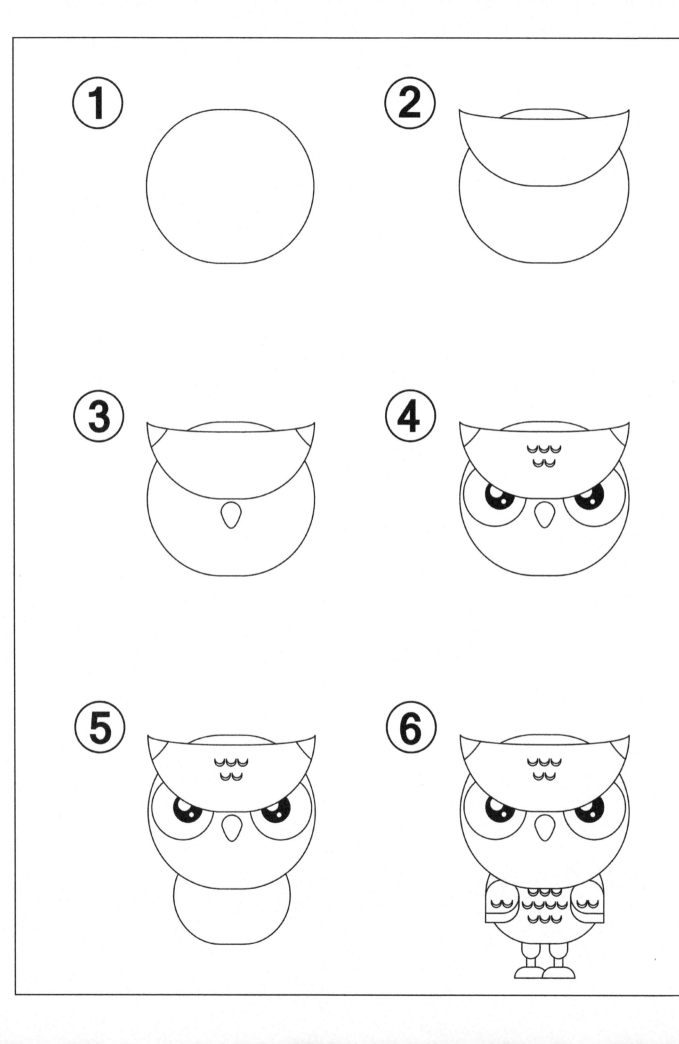

Now, it's your turn

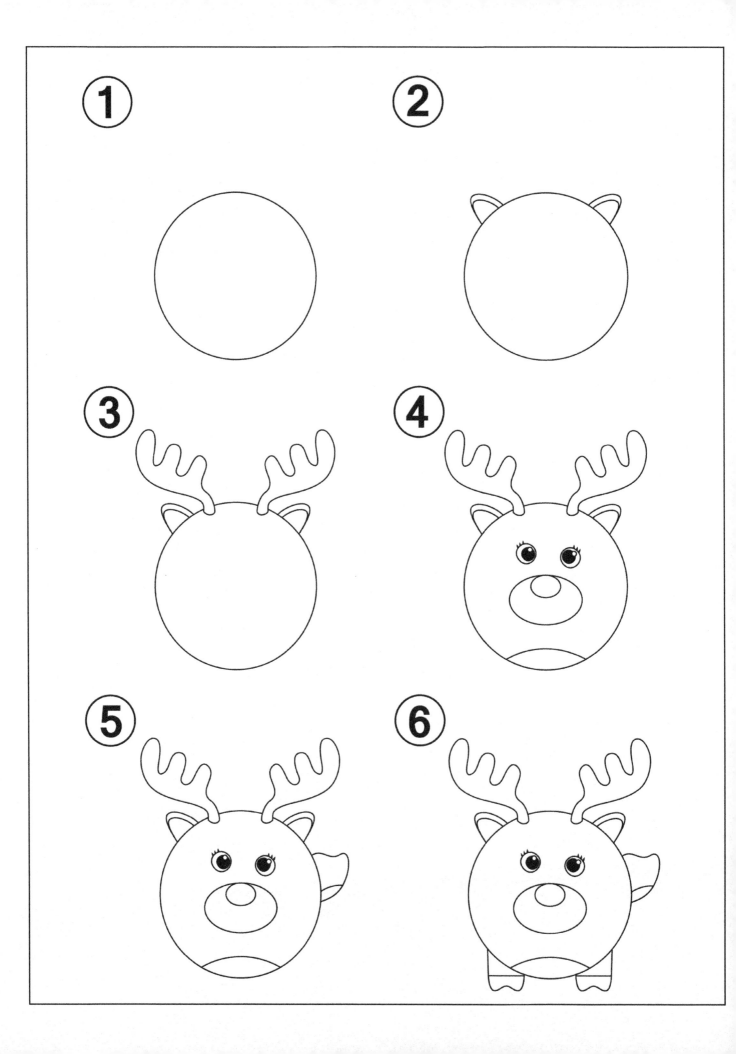

Now, it's your turn

Now, it's your turn

Now, it's your turn

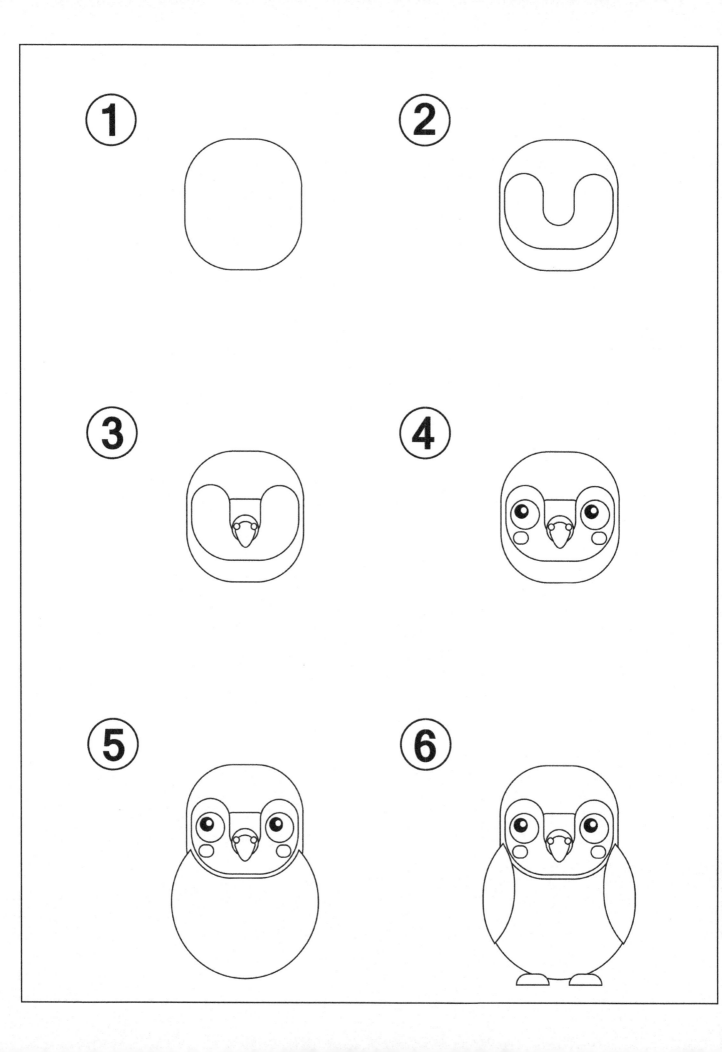

Now, it's your turn

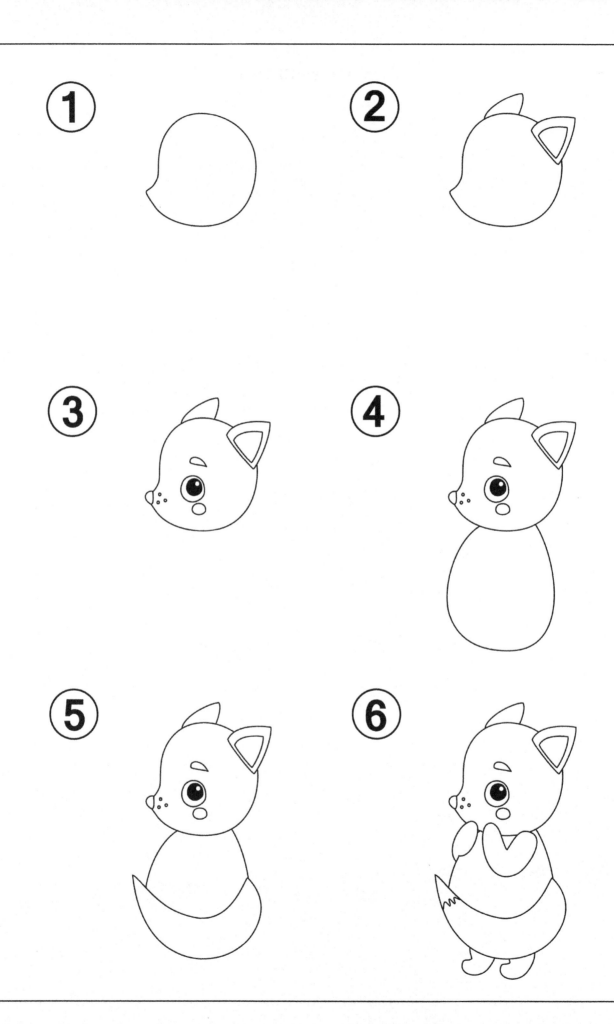

Now, it's your turn

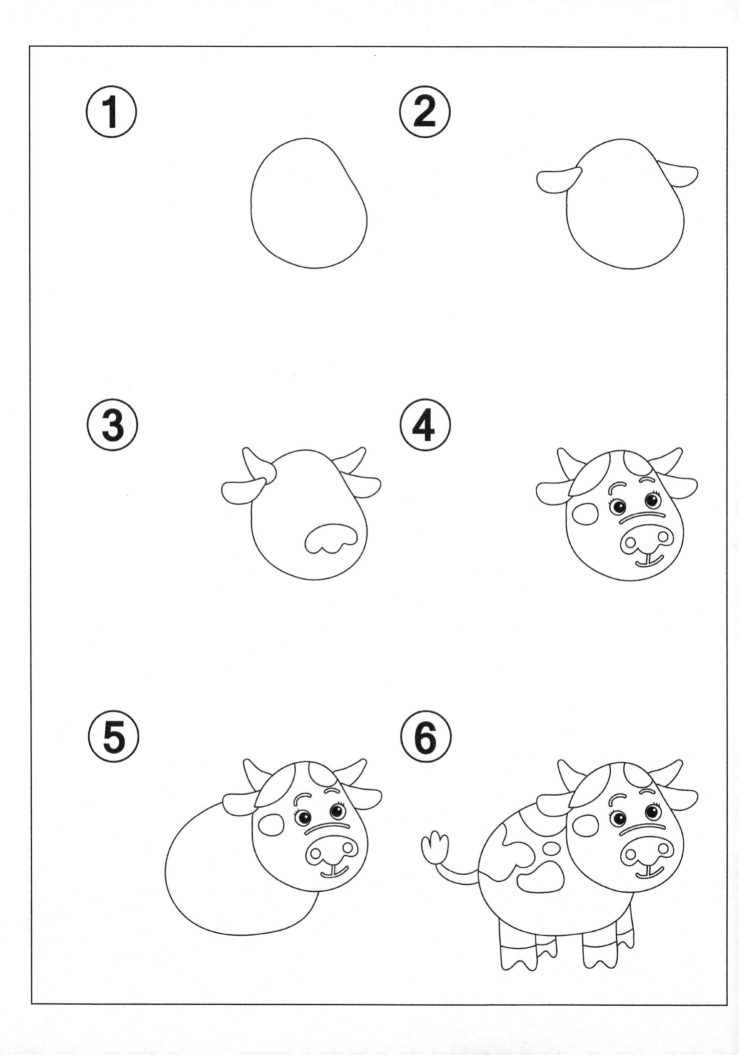

Now, it's your turn

Now, it's your turn

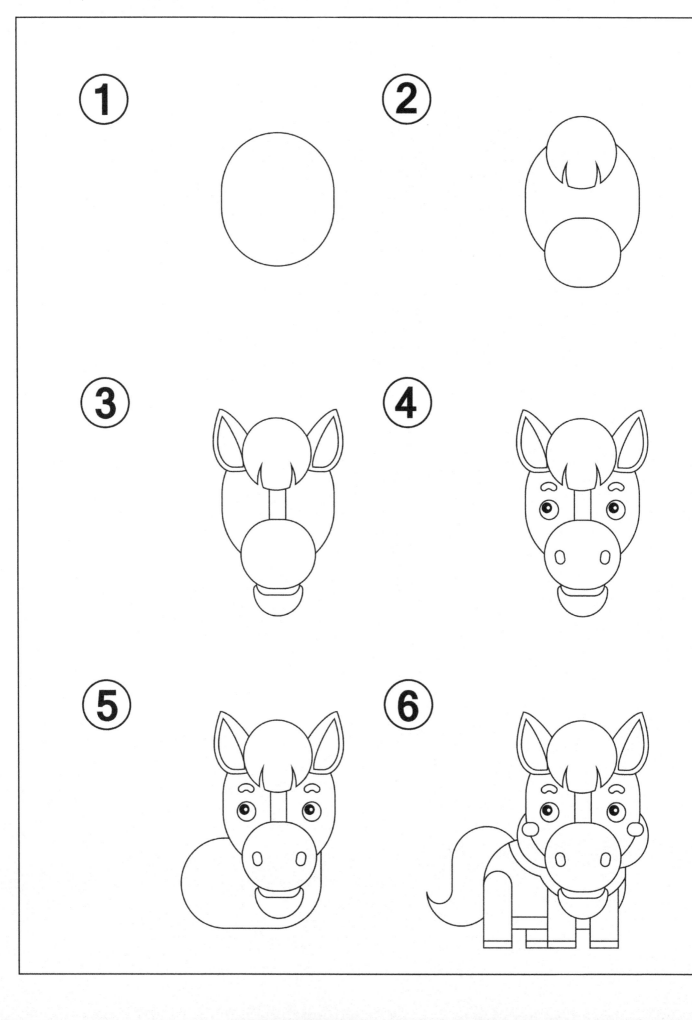

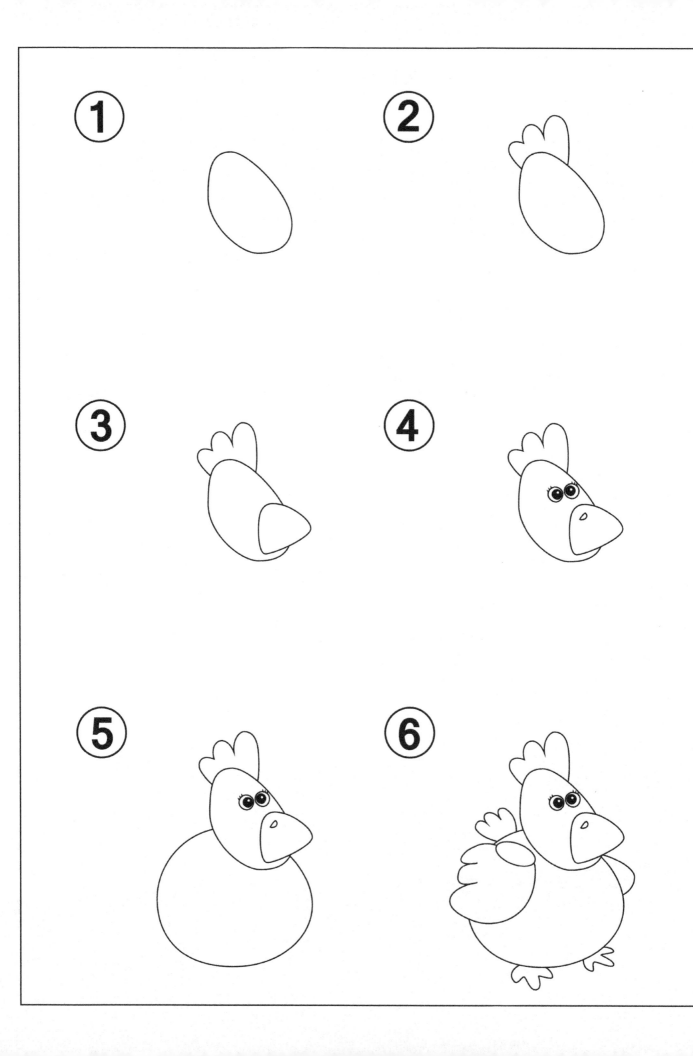

Now, it's your turn

Now, it's your turn

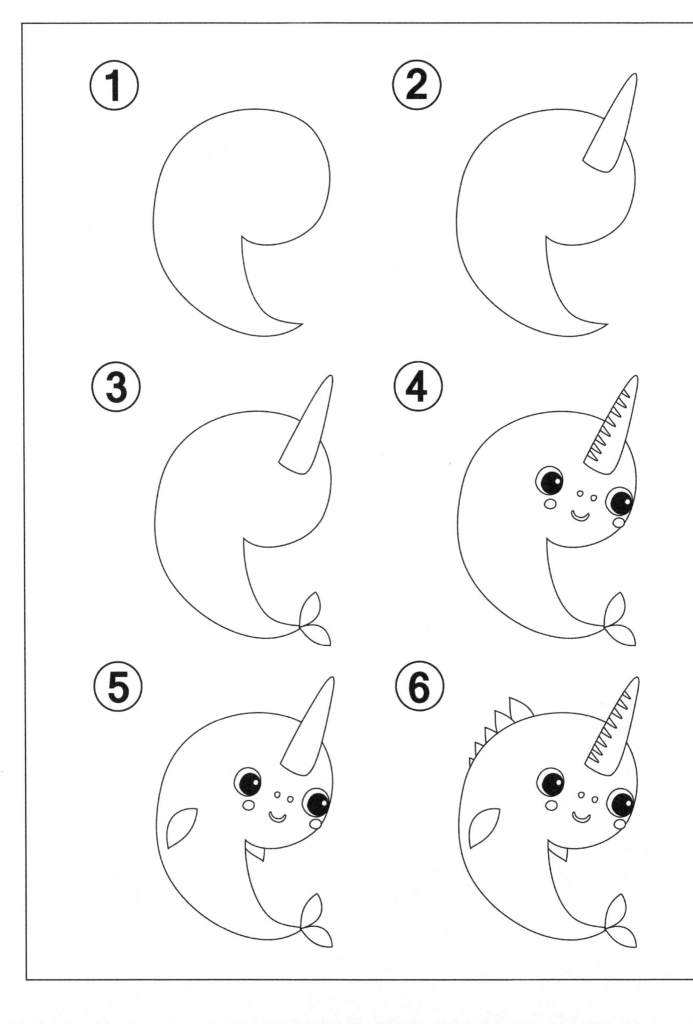

Now, it's your turn

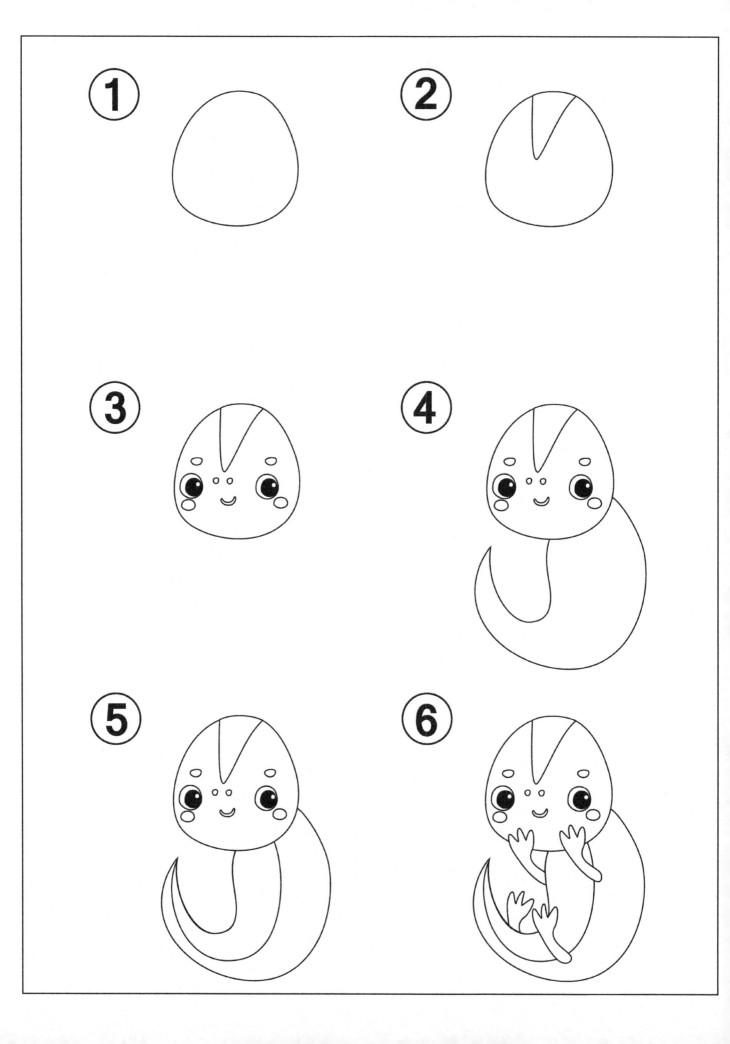

Now, it's your turn

Now, it's your turn

Now, it's your turn

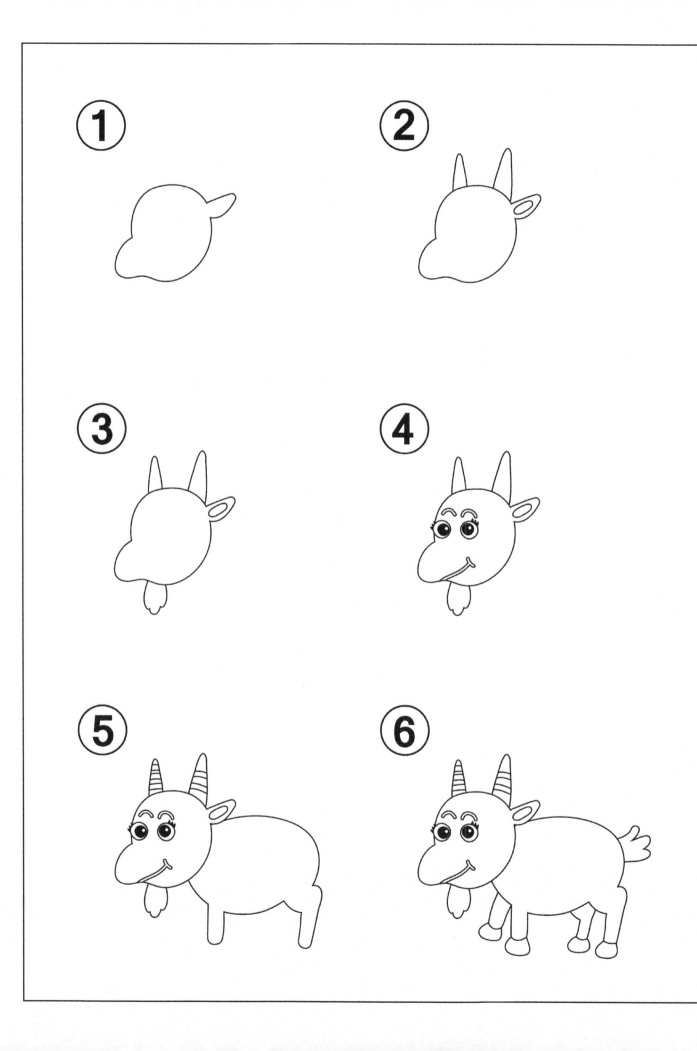

Now, it's your turn

Now, it's your turn

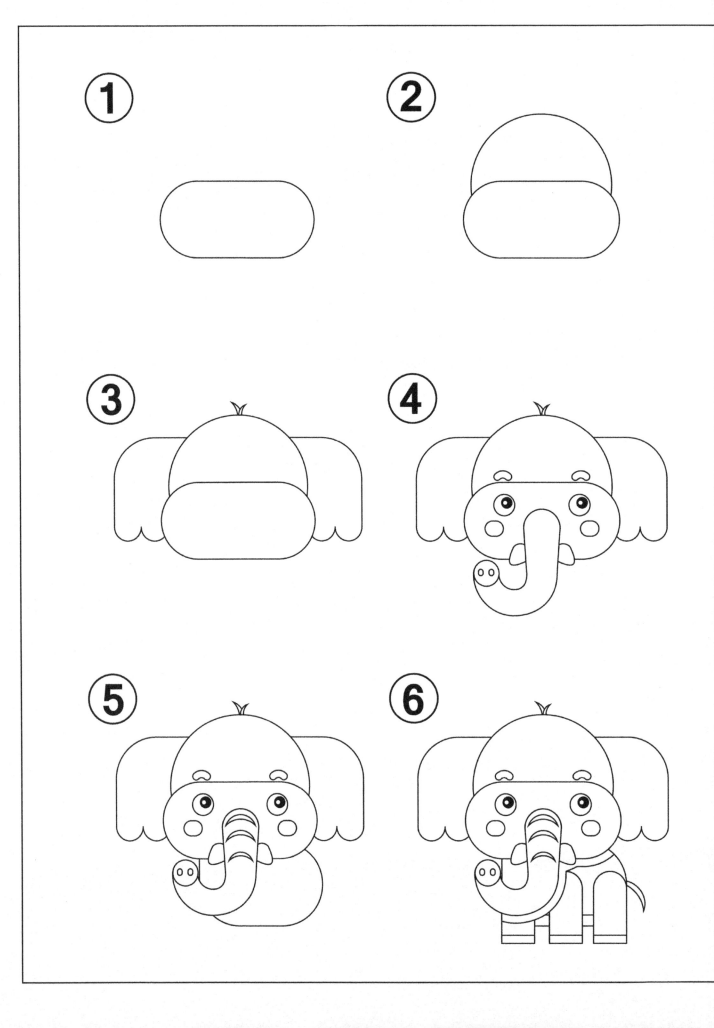

Now, it's your turn

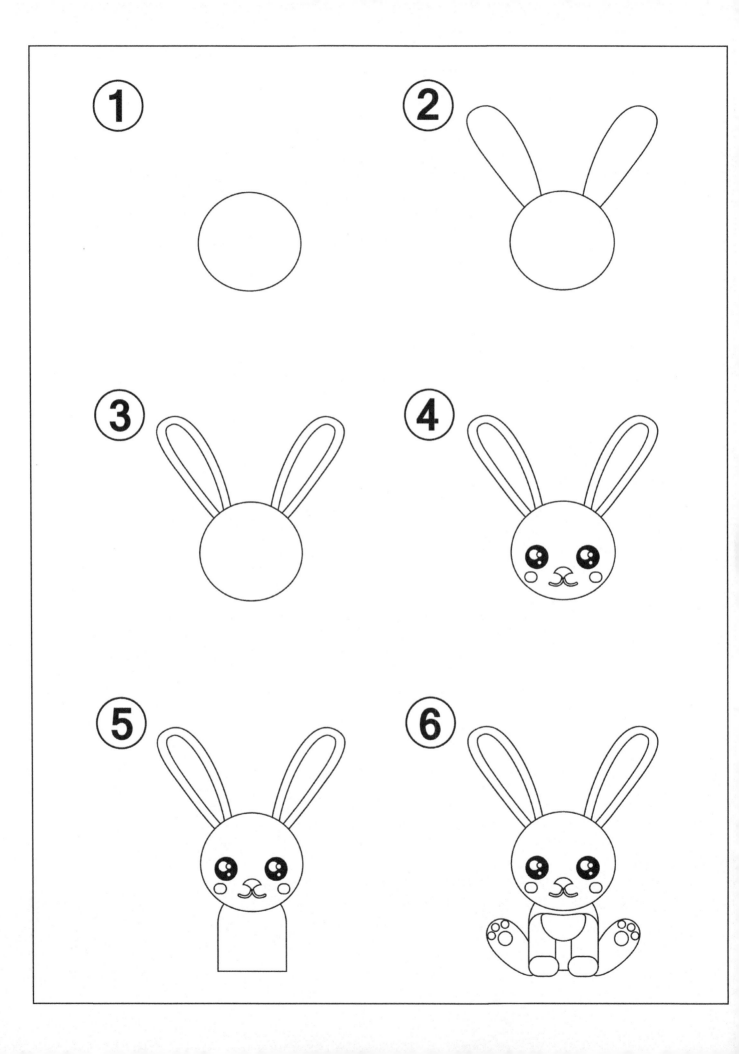

Now, it's your turn

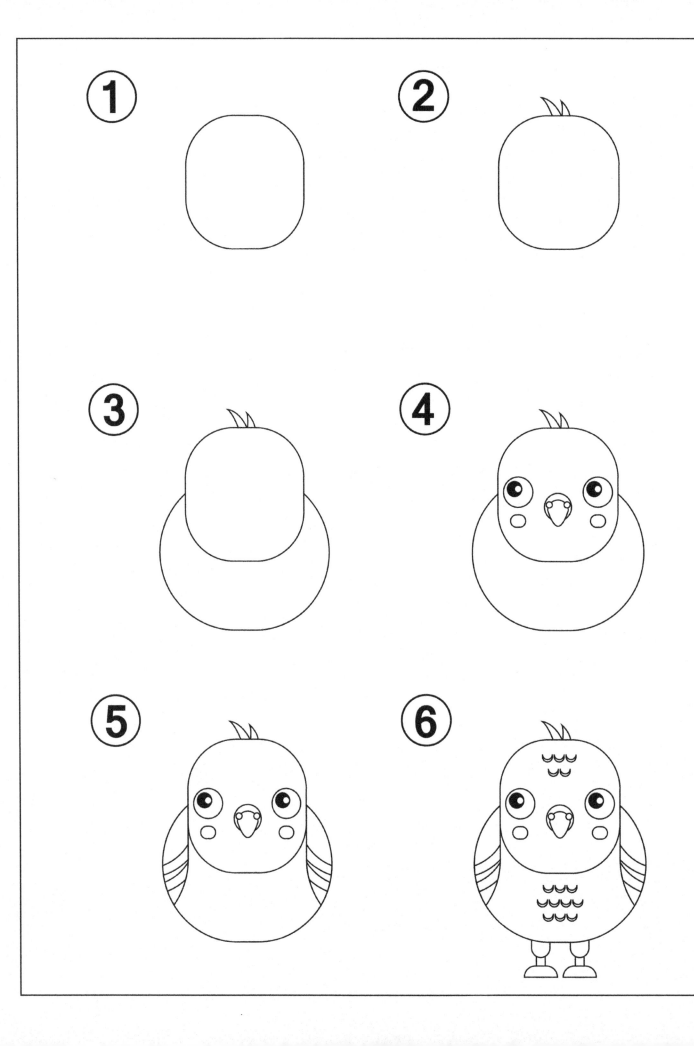

Now, it's your turn

Now, it's your turn

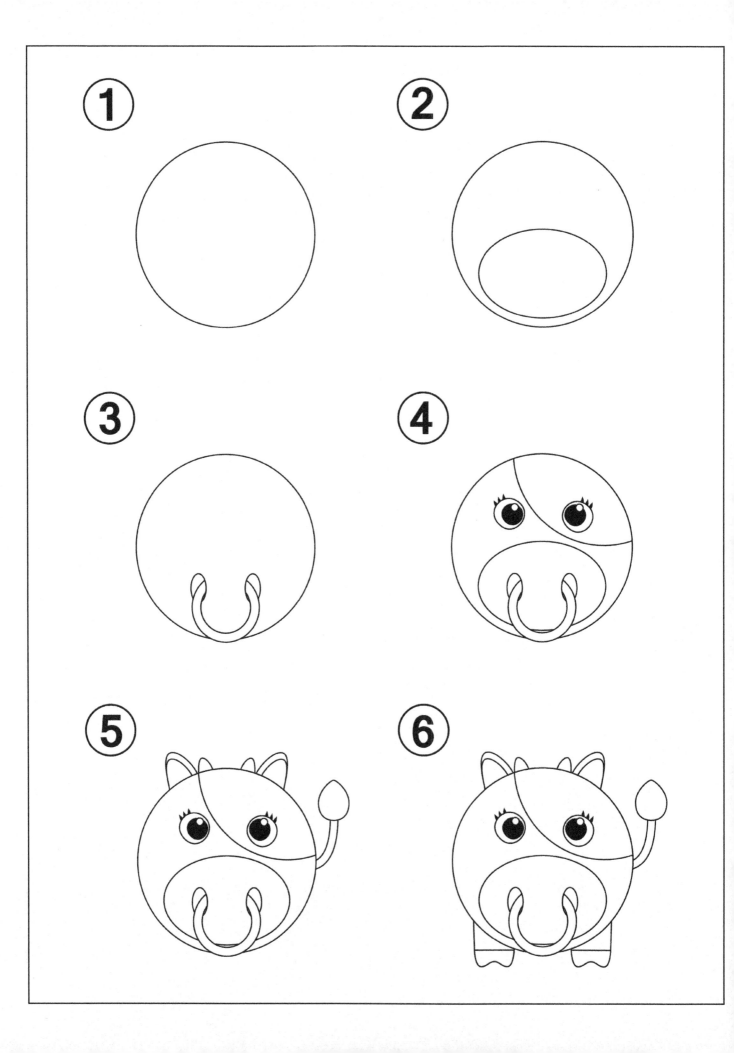

Now, it's your turn

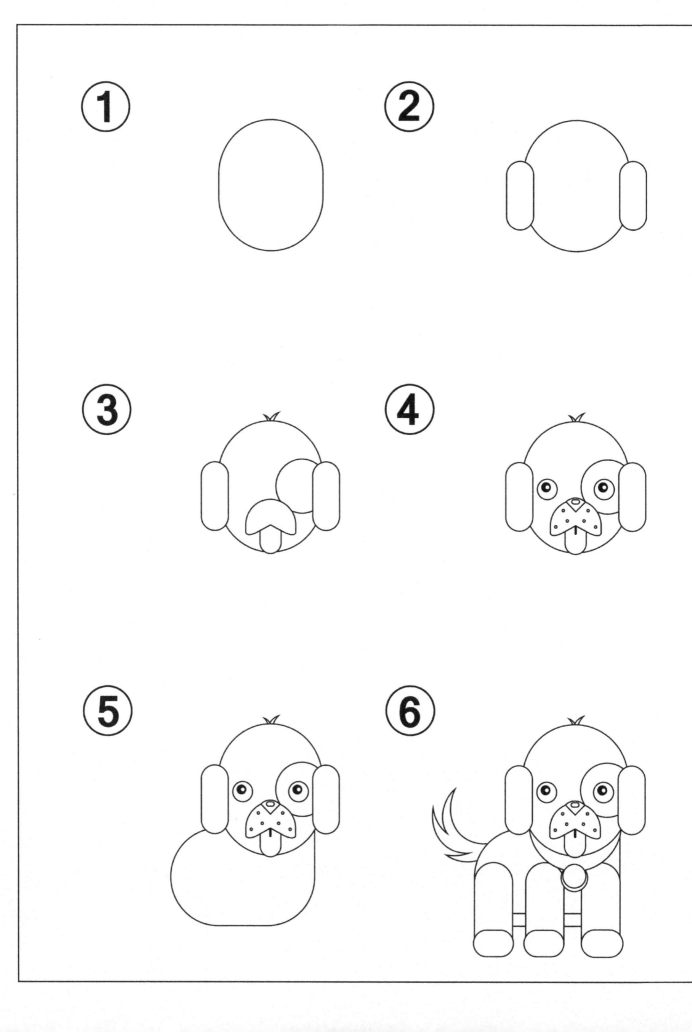

Now, it's your turn

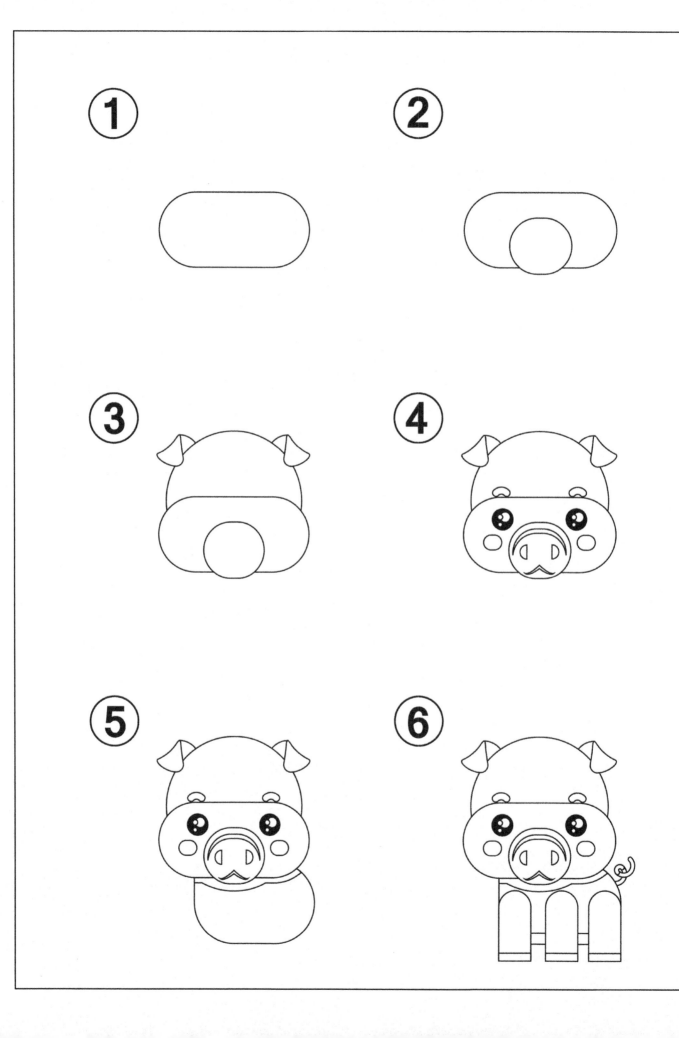

Now, it's your turn

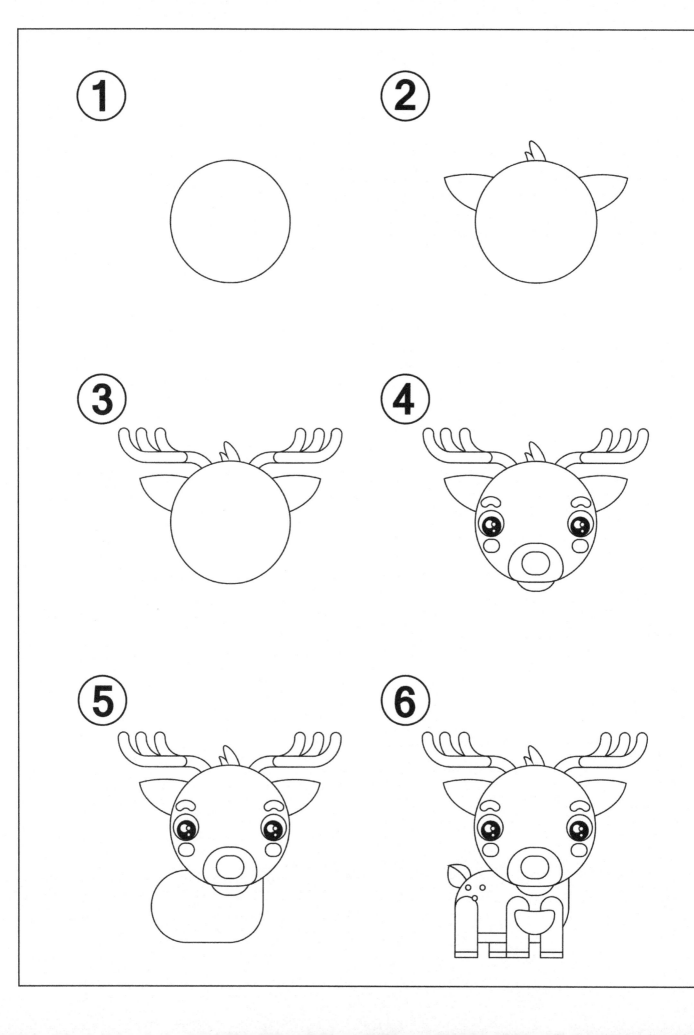

Now, it's your turn

Now, it's your turn

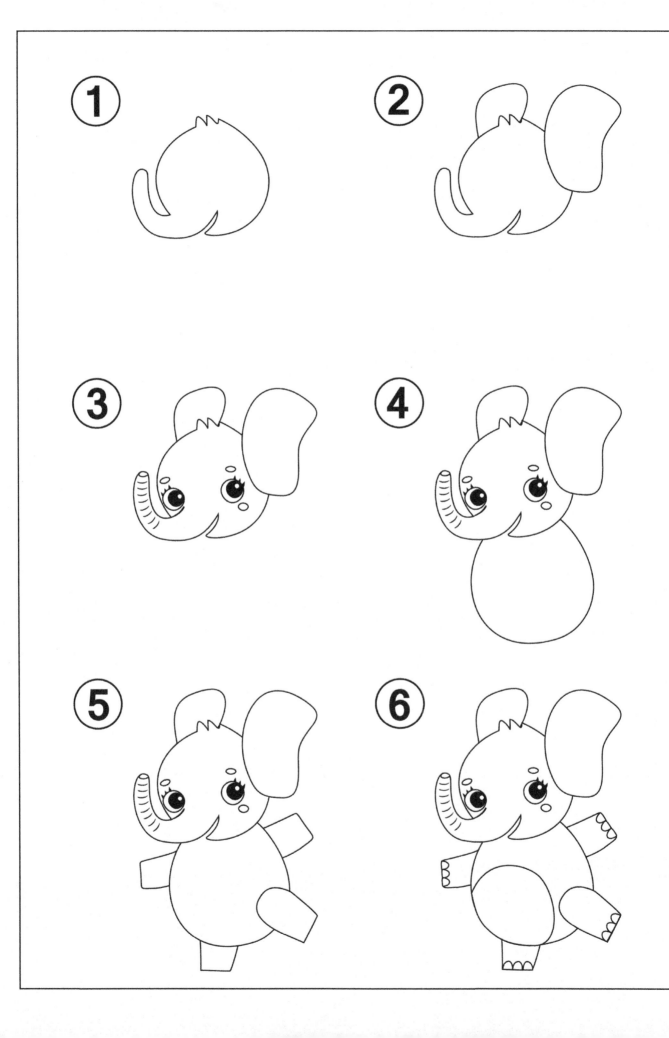

Now, it's your turn

Now, it's your turn

Now, it's your turn

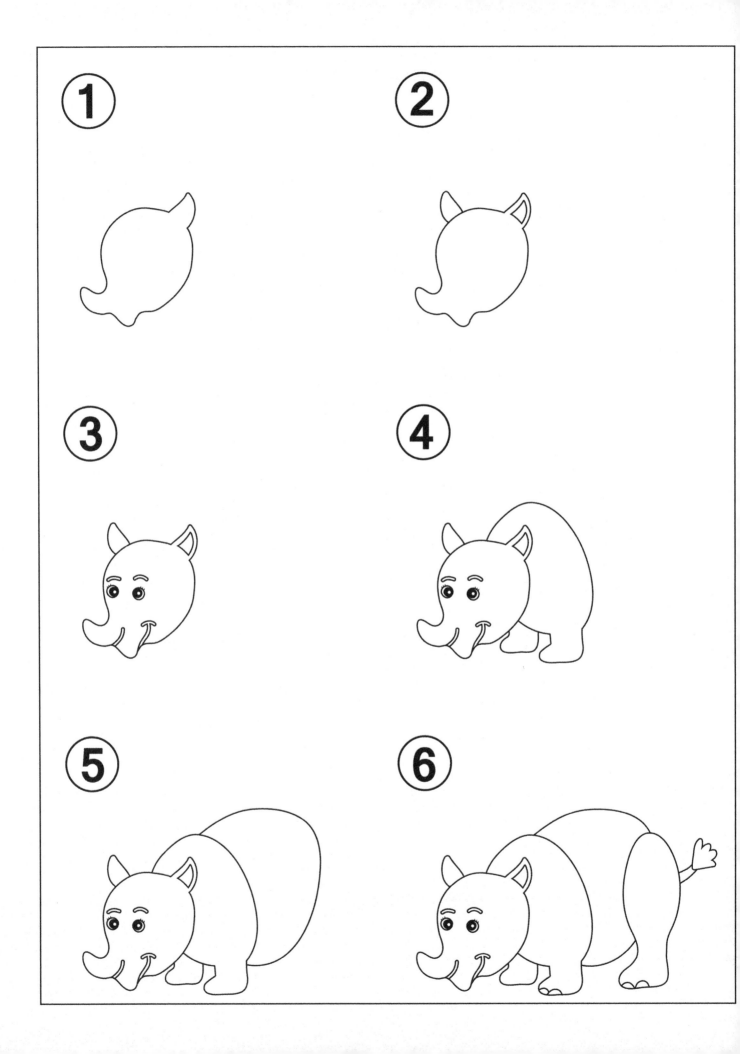

Now, it's your turn

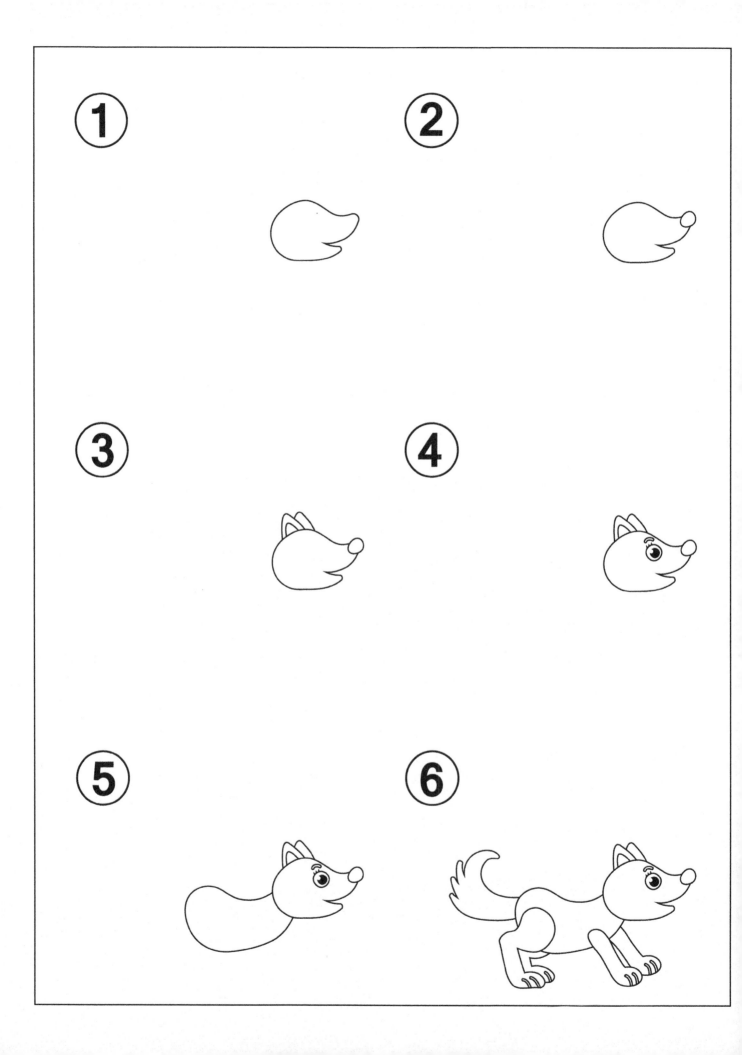

Now, it's your turn

Now, it's your turn

Now, it's your turn

Now, it's your turn

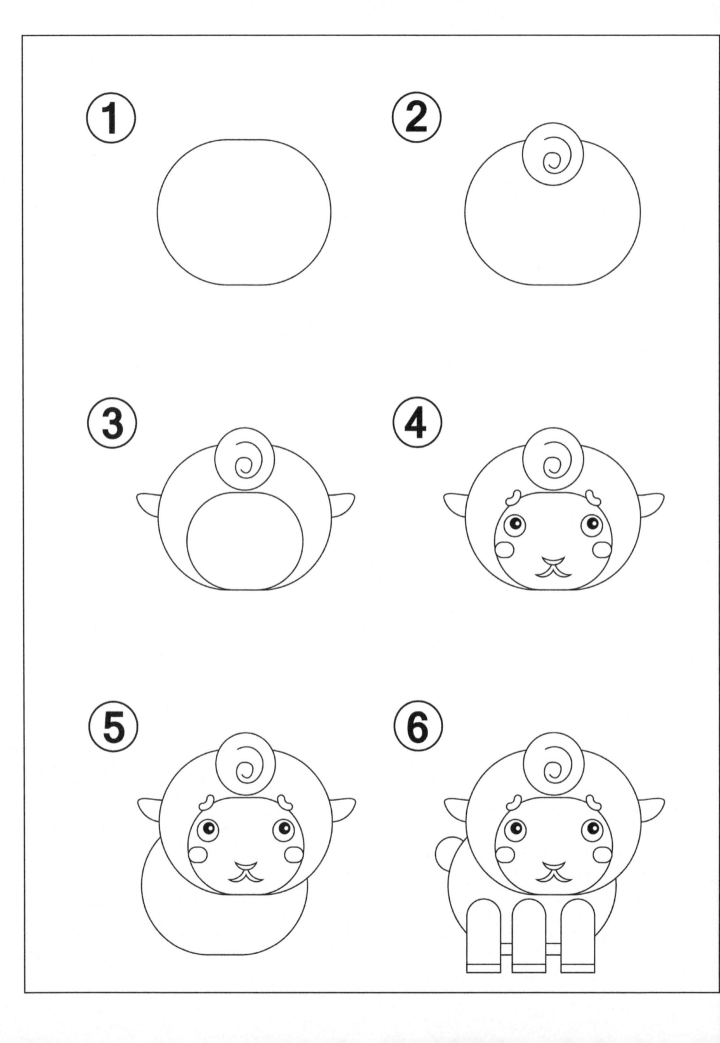

Now, it's your turn

Now, it's your turn

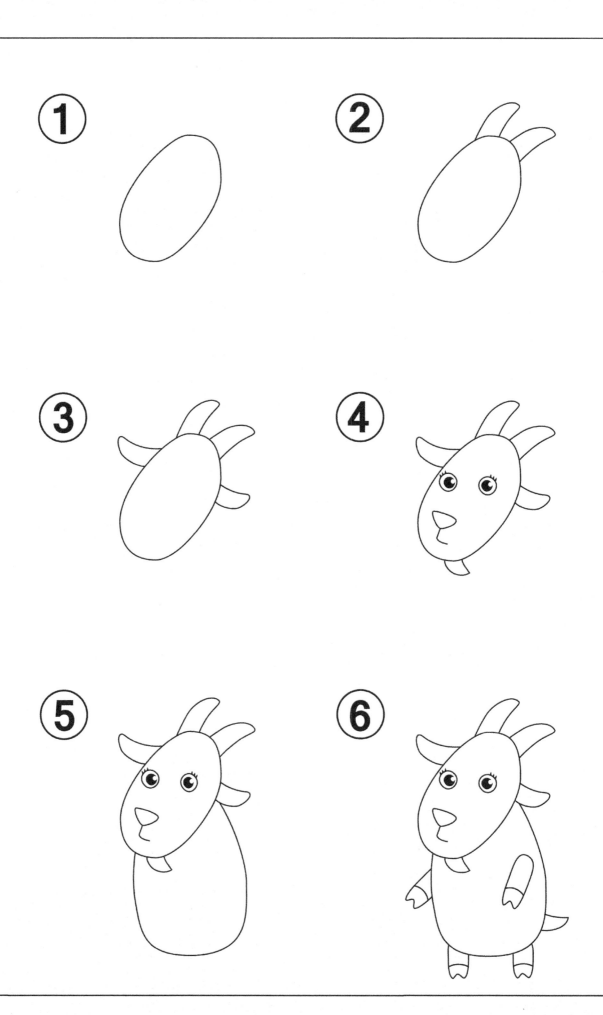

Now, it's your turn

Now, it's your turn

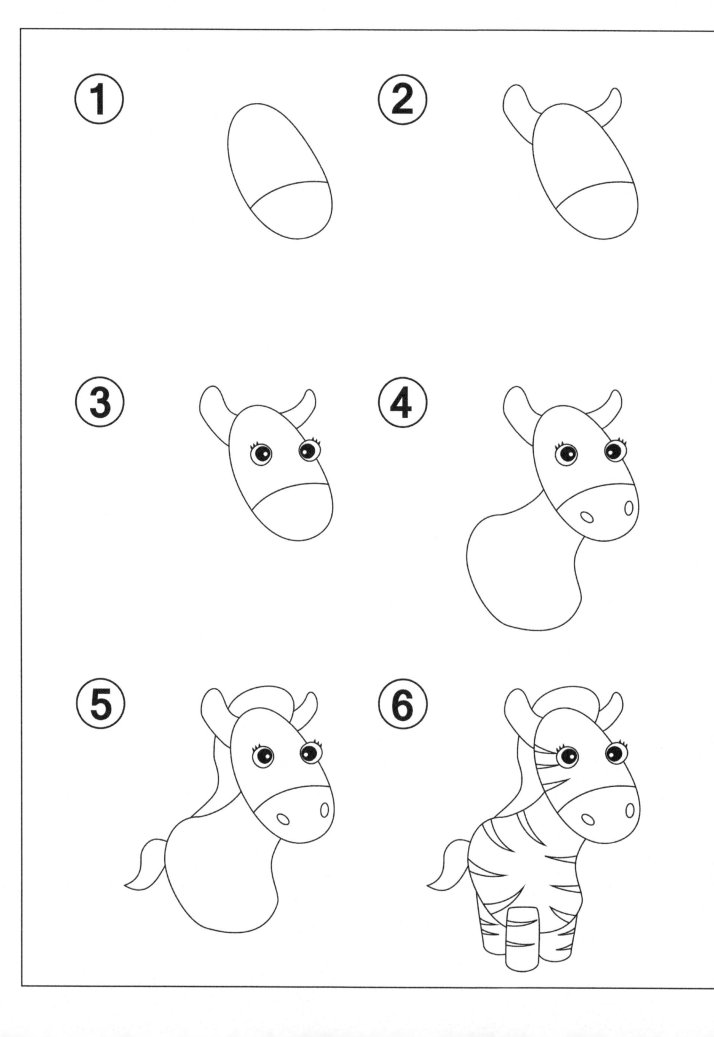

Now, it's your turn

Now, it's your turn

Now, it's your turn

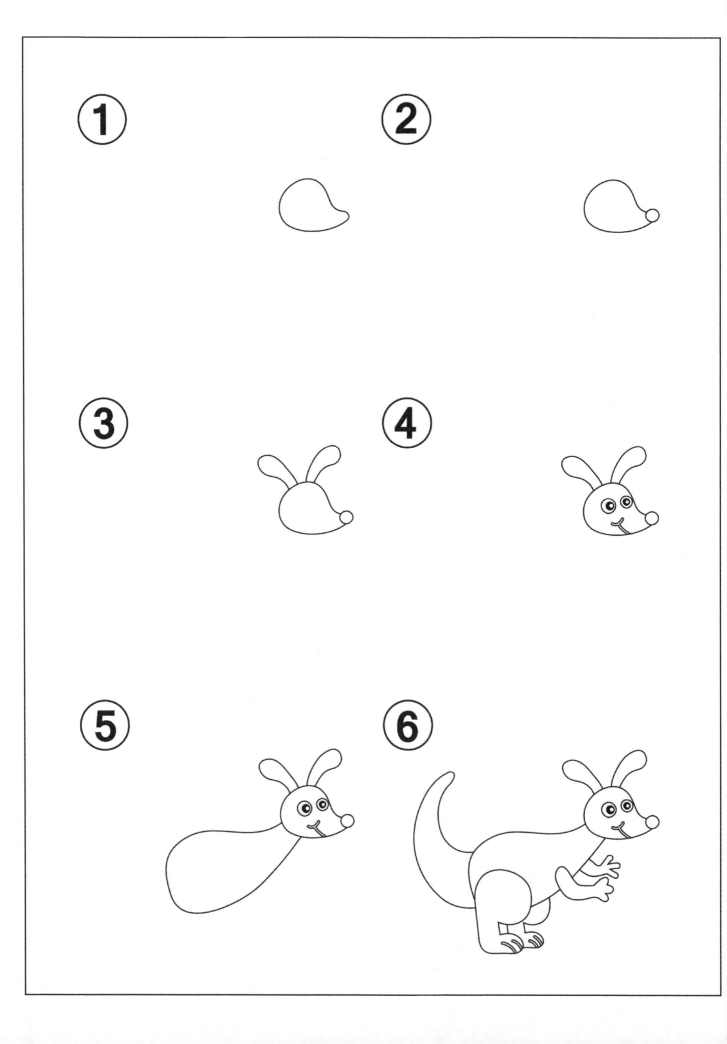

Now, it's your turn

Now, it's your turn

Now, it's your turn

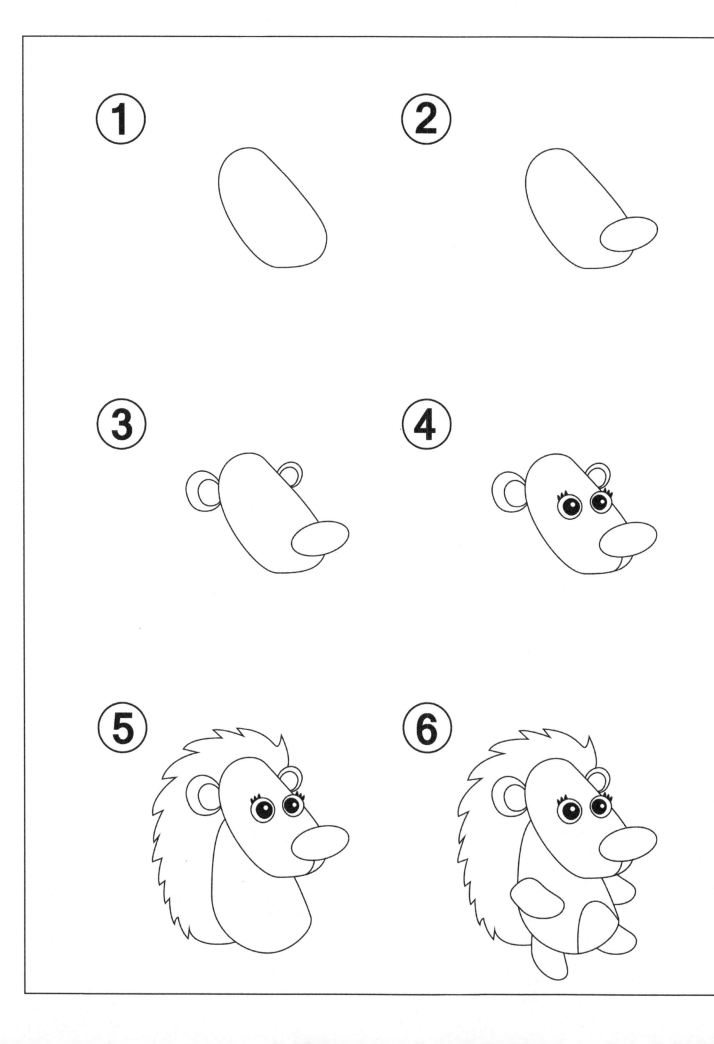

Now, it's your turn

Now, it's your turn

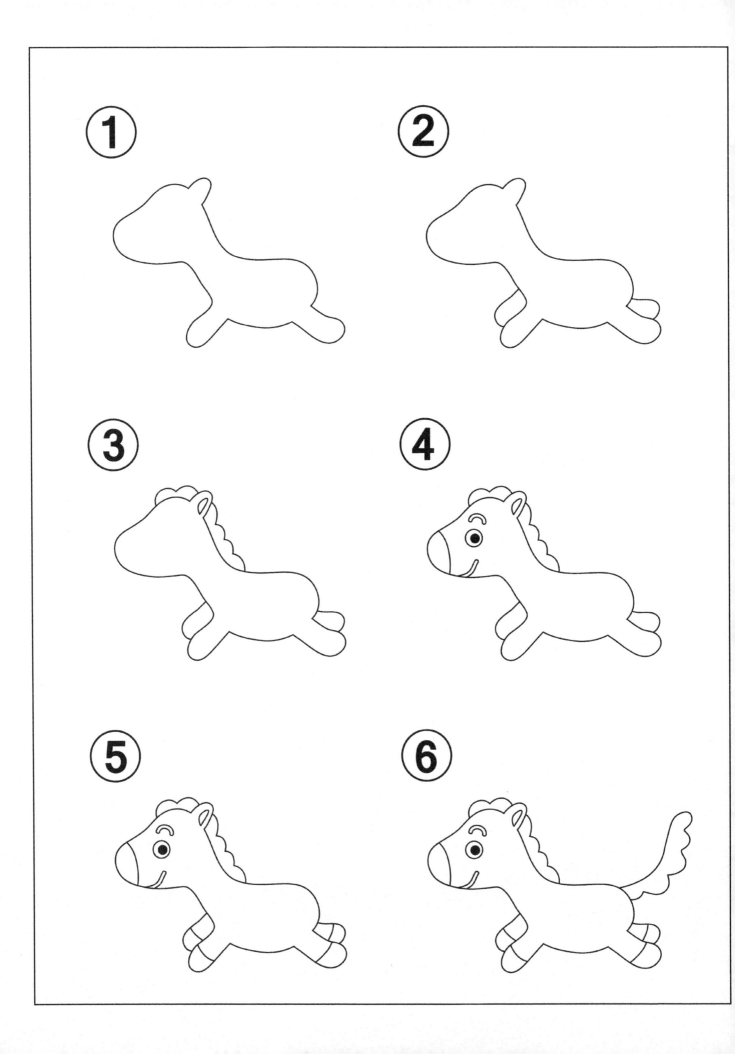

Now, it's your turn

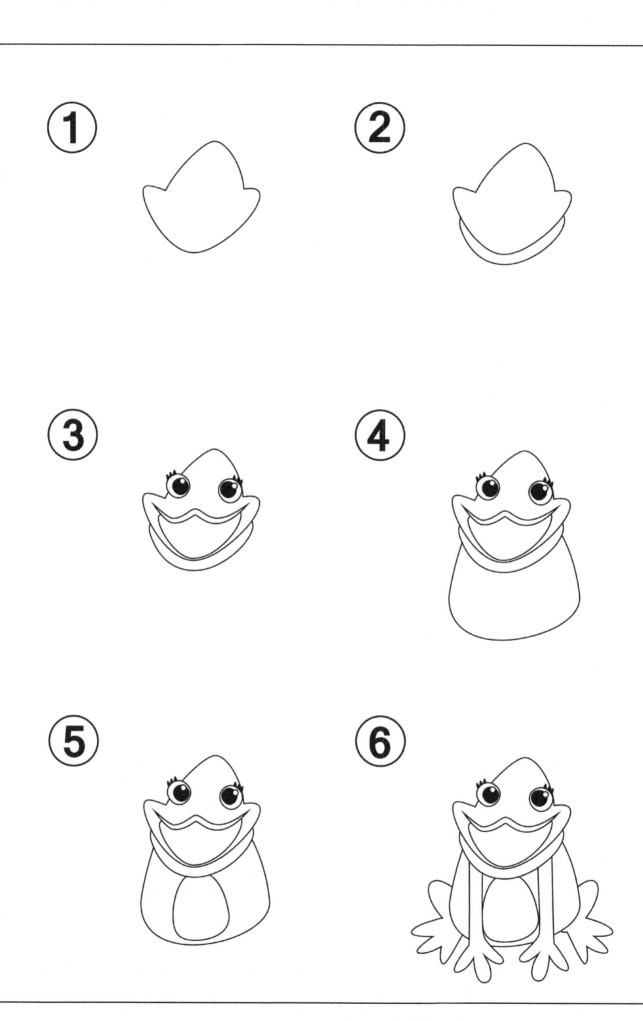

Now, it's your turn

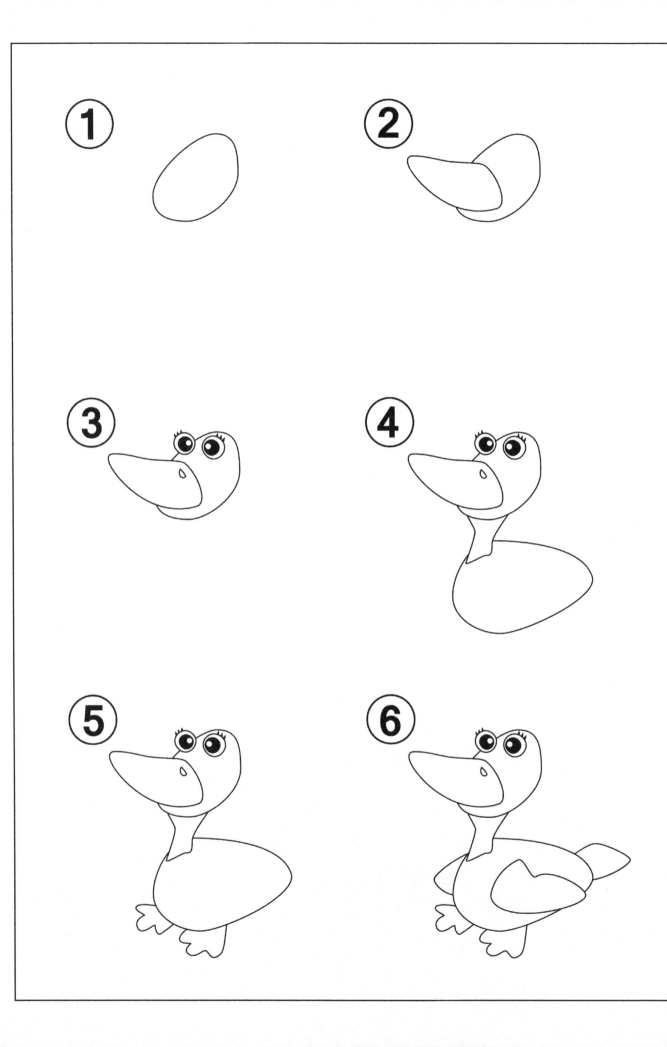

Now, it's your turn

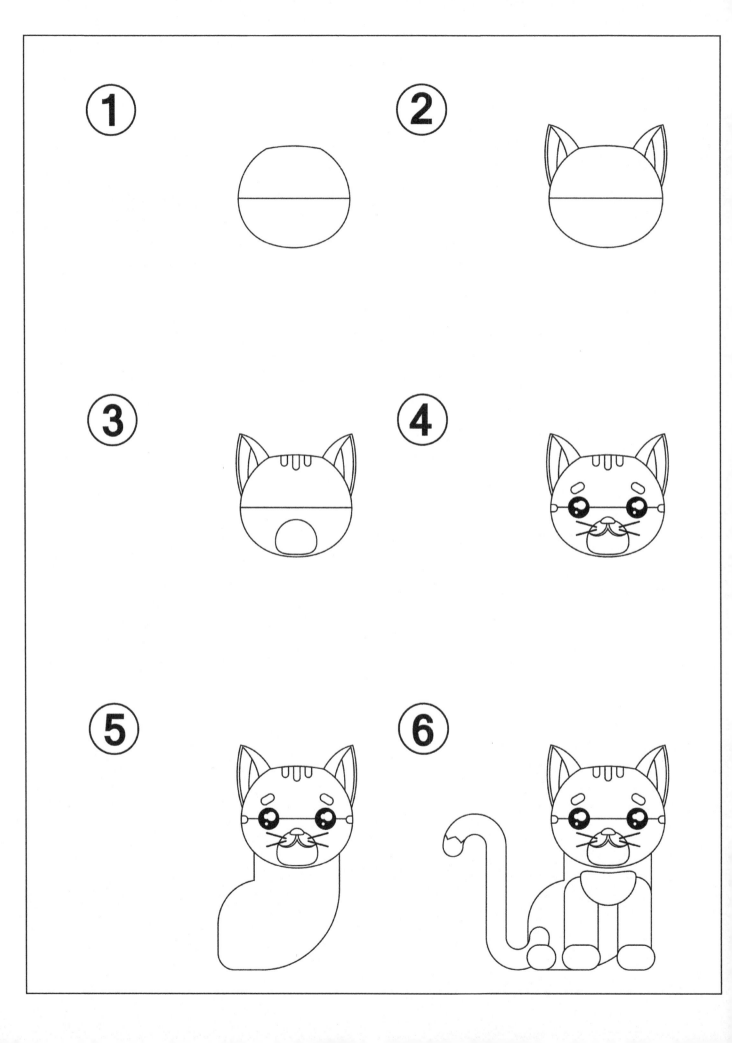

Now, it's your turn

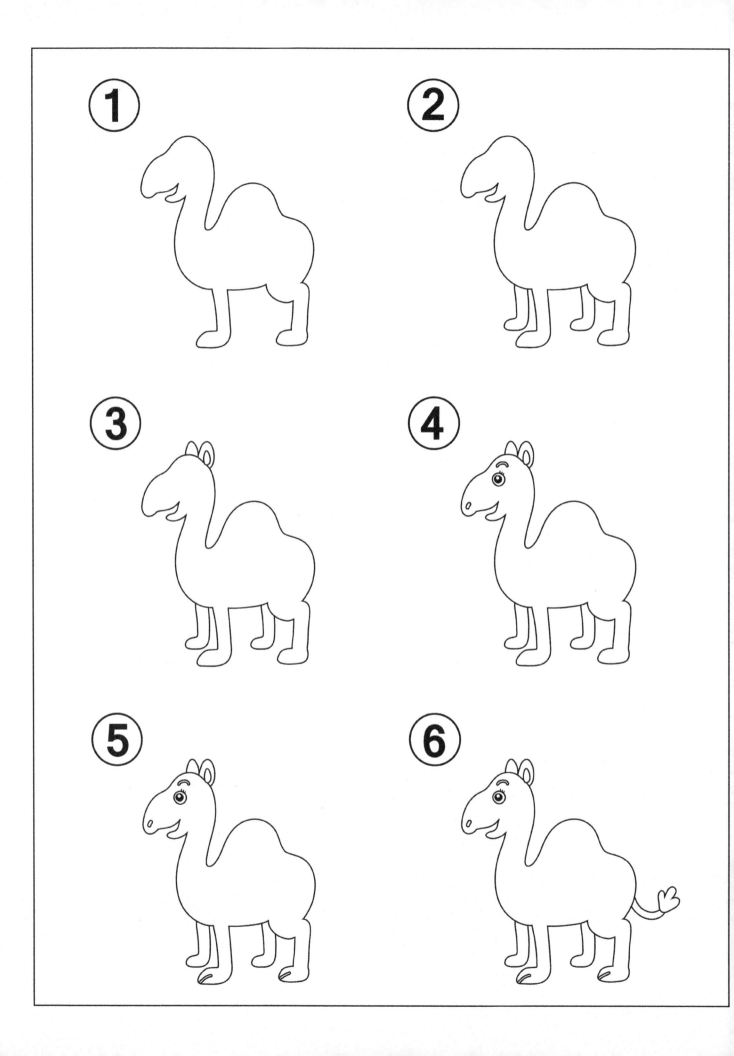

Now, it's your turn

Now, it's your turn

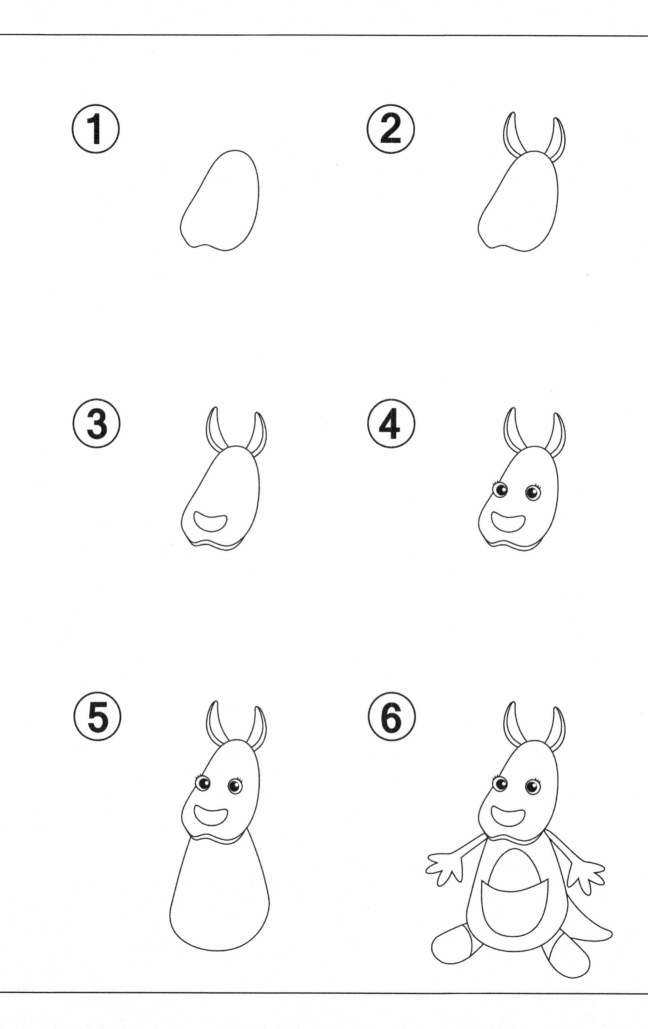

Now, it's your turn

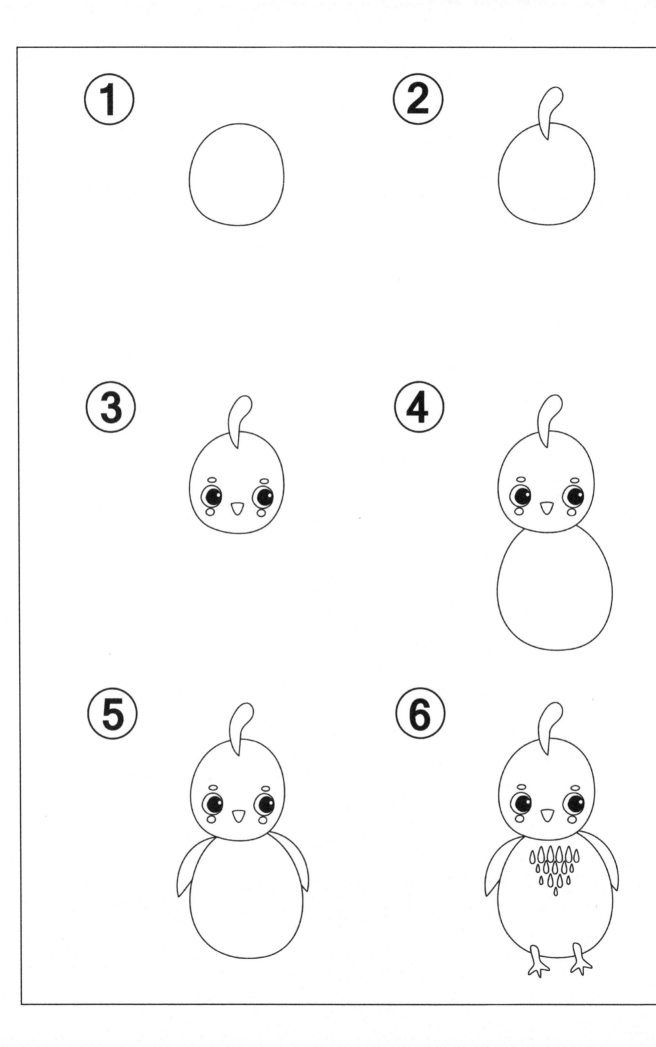

Now, it's your turn

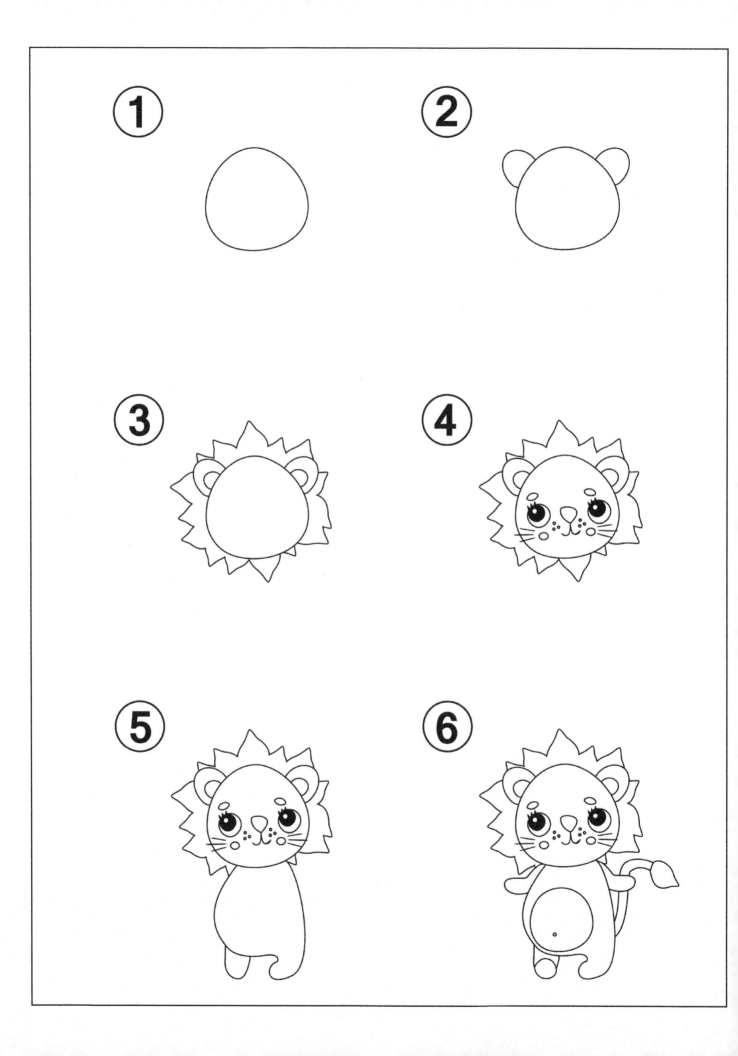

Now, it's your turn

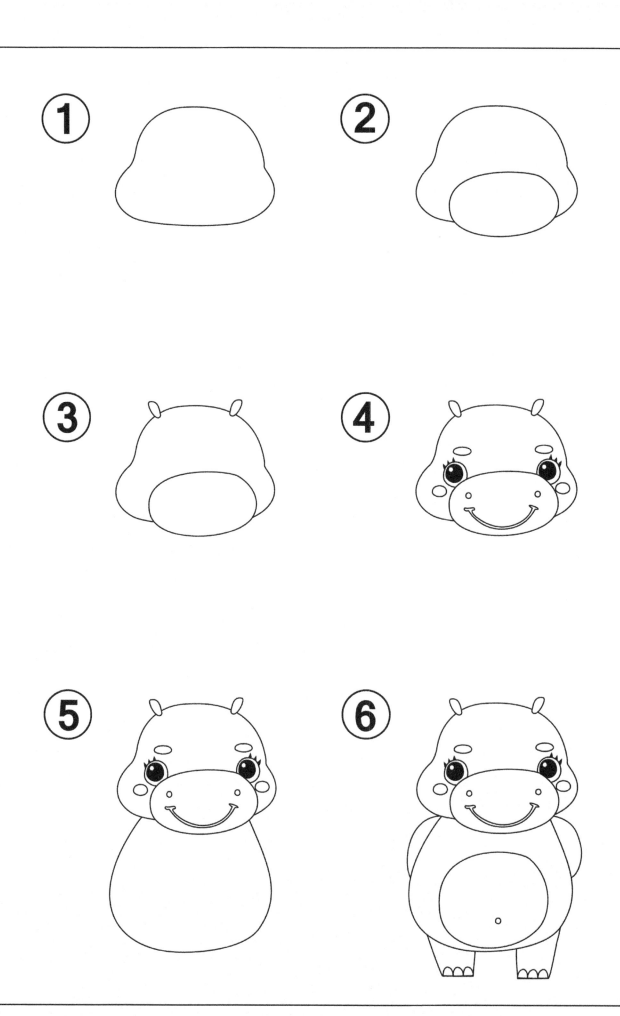

Now, it's your turn

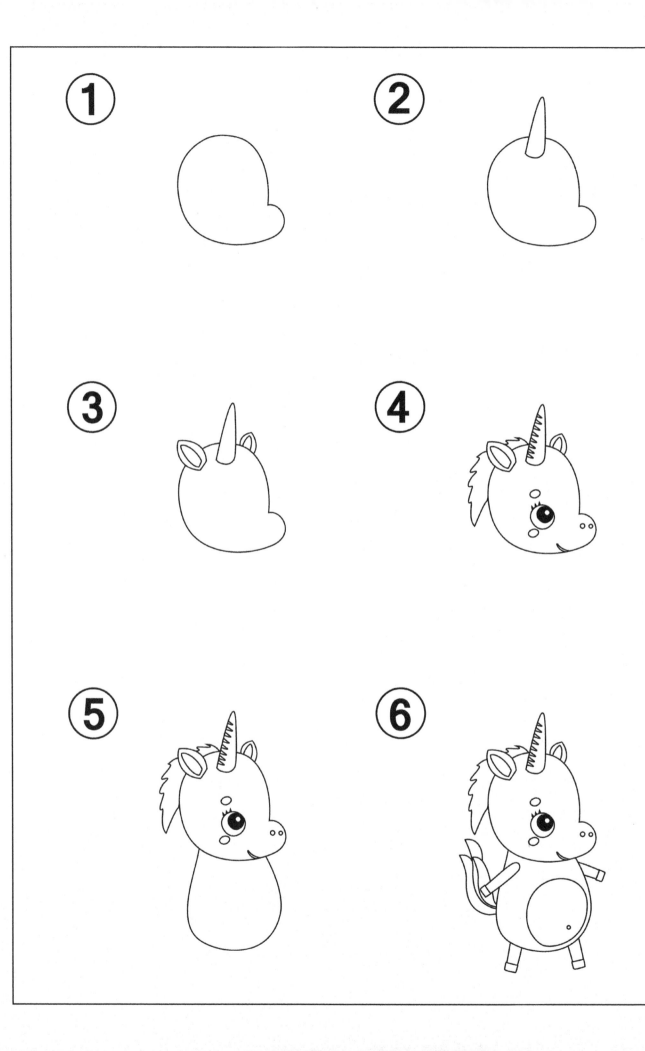

Now, it's your turn

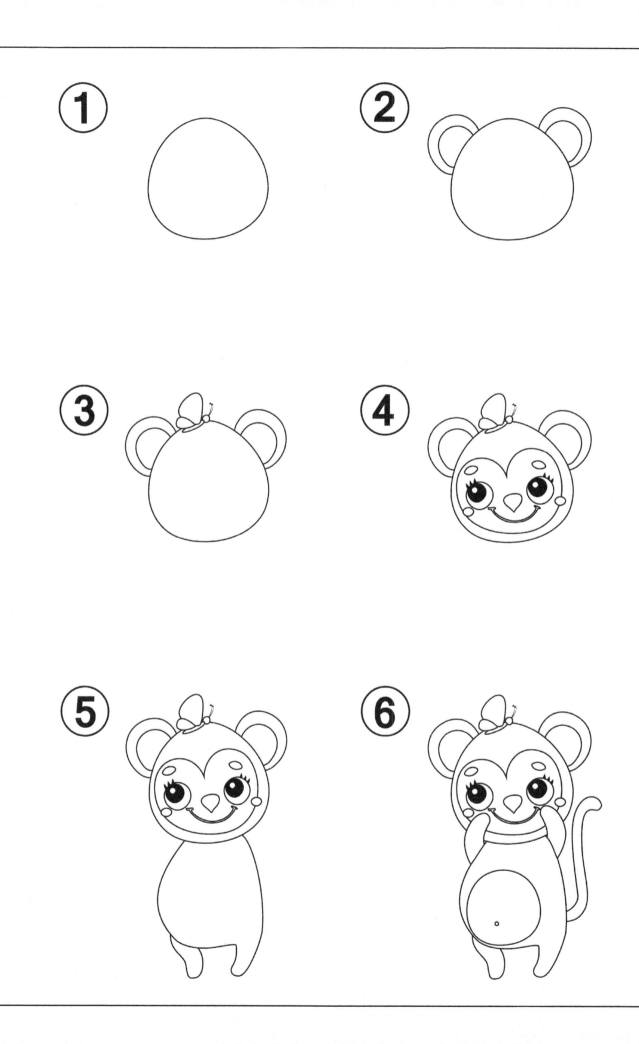

Now, it's your turn

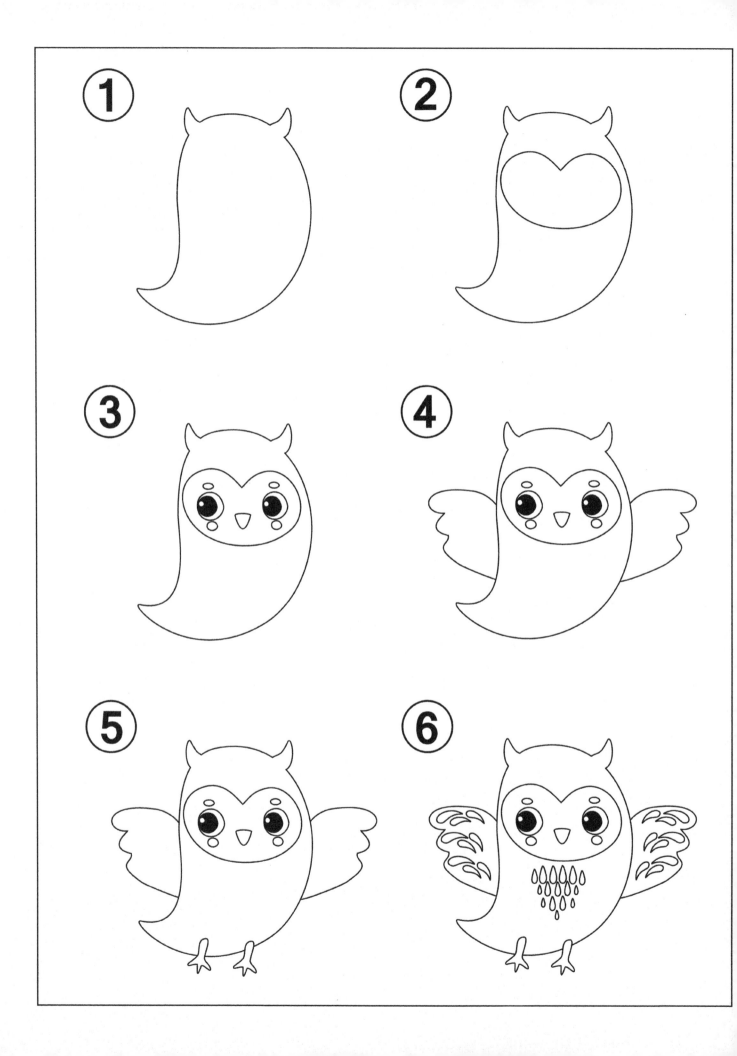

Now, it's your turn

Made in the USA
Coppell, TX
14 February 2023